AF388814

LA MACHINE ARPANTANTE,

Avec laquelle on mesurera facilement &
exactement les Terres & les Chemins.

Par Monsieur DE HAUTE-FEUILLE.

M. DCCXII.

A MONSIEUR

MONSIEUR

DE FONTENELLE

DE L'ACADEMIE FRANÇOISE,

ET SECRETAIRE DE L'ACADEMIE ROYALE
des Sciences.

MONSIEUR,

E ne fçai fi Meffieurs de l'Academie des Sciences ont aprou- "
vé ce que j'ai propofé dans mon Ecrit fur le Moyen de perfec- "
tionner l'Oüye, imprimé en 1702. Aprés y avoir parlé de "
plufieurs chofes qui s'oppofent à la perfection des Sciences & "
des Arts, je dis que l'on pourroit y remedier en établiffant "
une COMPAGNIE DES NOUVELLES DECOUVERTES, qui auroit foin de les "
faire valoir, d'en tirer tout le profit poffible, & d'en donner le tiers "
ou la moitié aux Inventeurs, & le refte feroit un fond qu'on em- "
ploieroit à exécuter les Experiences des Inventions qui feroient propo- "
fées. Un Sçavant, un Curieux, un pauvre Artifan éloigné de Paris, "
fans quitter fa Famille, fans faire aucune dépenfe, ni s'engager dans "
l'embarras d'un Privilege, feroit affuré de tirer du profit de ce qu'il "
auroit trouve pour la perfection des Arts & pour l'utilité du Public. "
Un Etranger pourroit même propofer des Inventions qui font en ufa- "
ge chez lui & inufitées en France, où elles pafferoient pour nouvelles. "

On m'a affuré que ce qui eft dit dans les Nouvelles de la Republique
des Lettres du mois d'Octobre 1702, a été envoyé à fon Auteur par
un des Membres de l'Academie des Sciences, en voici les termes.
Peut-être que l'on ne méprifera pas l'avis qu'il donne dans le corps "
de fa Lettre d'établir une Compagnie des nouvelles Decouvertes, qui "
auroit foin, dit-il, d'en tirer tout le profit poffible, &c. "

A

Feu Mr. Bonnet Bourdelot, dans fa Lettre du 25. Juillet 1702. m'en parle de cette maniere : „ J'ay lû, Monfieur, le Manufcrit en forme de „ Lettre que vous m avez envoyé , & je n en ai point fait à deux fois ; tant „ je l'ai trouvé fenfé & plein de faits curieux,& je me trouverai tres-honoré „ que mon Nom paroiffe au commencement. J'aprouve fort ce que vous „ propofez d'établir une Compagnie des nouvelles Découvertes,pour rendre „ les Inventions des Mécaniques lucratives aux Inventeurs, & empêcher „ qu'elles ne periffent, comme il eft fi fouvent arrivé & même de nôtre Sie- „ cle, en forte qu'on pourroit faire un gros livre, qui auroit pour titre, *Nova* „ *deperdita*, fi l'on vouloit ramaffer tous les faits, femblables à celui de „ ce maudit Artifan qui brûla par envie fa Machine , de peur que ceux „ de fon métier n'en profitaffent. Ce que vous dites encore de publier „ une Lifte des chofes qui manquent dans chaque Art , & qu'il feroit „ neceffaire de trouver pour le mettre dans fa perfection , me paroît „ plein de raifon & de bon fens & plus facile que vous ne le faites. „ VVelfchius l'a déja exécuté pour la Medecine dans un Livre imprimé „ en 1676. fous le titre de *Somnium Vindiciani , five defiderata Medicinæ.* „ On crée tant de Charges, ne pourroit-on pas faire des Infpecteurs des „ Arts, qui verroient travailler les Ouvriers, & s'inftruiroient avec eux „ de ce qui leur conviendroit pour perfectionner leur métier, &c.

Mr. Bourdelot étoit fort fçavant, & fon aprobation eft d'un poids confiderable. L'idée de Charges d'Infpecteurs des Arts me paroît bien imaginée & elles feront utiles , pourvû que l'on n'en abufe pas & qu'elles ne foient point à la charge des Artifans.

Si Meffieurs de l'Academie des Sciences aprouvent cette Compagnie des nouvelles Decouvertes, ils pourront la commencer par la Machine Arpantante, elle eft fort propre pour cet établiffement qui convient parfaitement à leur Inftitution , & ils donneront par fon moyen un mouvement plus rapide au progrés des Sciences & des Arts. Ils en connoiffent la lenteur , vous l'avez fort bien remarqué dans l'Hiftoire de l'Academie de l'année 1708. Tout eft affez lent parmi hous, dites vous, en parlant de l'Invention des Lunettes d'aproche & de celles des Lunettes à mettre fur le nez, entre lefquelles il y a un intervalle de trois cens ans.

D'où peut, Monfieur, provenir cette lenteur ? n'en pourroit-on point découvrir les caufes, & ne feroit-il pas poffible d'y remedier ? J'aurois bien des chofes à dire fur ce fujet. Cette Compagnie des nouvelles Découvertes bien établie, fera un commencement pour y aporter du remede. Elle ne fera point differente de l'Academie des Sciences , & il n'y aura aucune innovation à faire ; deux ou trois de ces Meffieurs feront choifis pour en avoir la Direction , ils obtiendront un Privilege qui pourra leur être donné gratis, le feront enregiſtrer à peu de frais, établiront des Ouvriers capables de trouver des moyens expeditifs pour conſtruire ces Machines, & les rendre, s'il ſe peut, moins compoſées, afin que le Public les puiſſe avoir à bon marché ; que le droit de l'Inventeur qui ſera modique, ne lui ſoit point à charge, & que ceux qui les voudront contrefaire ne le puiſſent ſans y perdre, ou ſans les vendre plus cher à ceux qui les acheteroient d'eux. Le profit qui en proviendra, ſera diſtribué ſuivant les ordres de l'Academie & particulierement deſtiné à faire les Eſſais, les Modeles & les Experiences des Découvertes qui ſeront propoſées par les Externes & par les Etrangers, ce qui donnera de l'émulation aux Artiſans ingenieux, aux Sçavans & aux Curieux, & les excitera à s'apliquer fortement à cette recherche, parce qu'ils verront un profit & une recompenſe aſſurée.

Mais, Monſieur, comment recompenſera-t'on ceux qui auront fait des Découvertes & trouvé des Inventions qui ne ſeront point ſuſceptibles de Privileges, quoi qu'elles ſoient curieuſes, ingenieuſement imaginées & même trés-utiles au Public ? Le nombre en ſera beaucoup plus grand que des autres. Les Memoires de l'Academie en font foi, la plûpart de celles que j'ai publiées ſont de ce genre. Quand l'Invention des Objectifs Poliédres & Spheriques à deux centres pour la perfection des Lunettes d'aproche, dont j'ai fait graver les Figures & envoyé l'explication manuſcrite à Monſieur l'Abbé Bignon : quand, dis-je cette Invention réüſſiroit parfaitement, il ſeroit preſqu'impoſſible de la faire valoir par un Privilege, à cauſe que les Curieux pourroient les travailler en cachette, & les Ouvriers en faire la vente ſi ſecretement, qu'il ſeroit trés-difficile de les découvrir. Il en eſt de même de toutes ſortes de Lunettes, des Microſcopes anciens & à liqueurs, & des autres Inventions qui ſe peuvent faire en ſecret par les Particuliers.

Quelle recompenſe ceux qui en trouveront de ſemblables pourront-ils eſperer, & quelle aſſurance ſolide en auront-ils ? s'ils n'y en voient aucune, ils ne les divulgueront point & les laiſſeront perir, comme il eſt arrivé juſqu'à preſent. Meſſieurs de l'Academie ne pourroient-ils point remedier à cet inconvenient, qui eſt d'une conſequence extrême, & trouver des moyens de procurer à ces Inventeurs quelques recompenſes, afin que les choſes n'aillent pas toûjours ſi lentement parmi nous ? Ils me diront que le Roy peut les recompenſer, en leur donnant des Penſions, des Gratifications, des Places honorables, des Emplois lucratifs, & même des Benefices ou des Penſions ſur des Benefices à ceux qui ſeront capables de les poſſeder.

Cette poſſibilité n'a pas produit de grands effets par le paſſé, elle me paroît une mediocre aſſurance & un foible Eguillon, pour engager les

Inventeurs à publier leurs Découvertes, parce qu'ils ne péuvent obtenir ces recompenfes fans Mécénas ; qu'ils n'en ont point ordinairement, negligent prefque toûjours d'en chercher , les méprifent quelquefois à caufe de leur moleffe ou de leur peu d'efprit, penfent qu'ils doivent être recherchez, & ne veulent point être du nombre de ceux à qui les Patrons tiennent lieu de merite. Ce pouvoir de recompenfer eft encore plus inutile à ceux qui demeurent dans les Provinces, parce qu'ils font prefque toûjours fans connoiffances à la Cour & à Paris, & qu'ils n'ofent ni ne doivent en entreprendre le voyage fur des apparances fi incertaines. Il ne leur refte donc que le parti de laiffer perir leurs Découvertes, & c'eft ce qu'ils feront toûjours , particulierement , fi aprés en avoir donné quelques-unes au Public, ils n'en ont reçû aucune recompenfe.

Monfieur l'Abbé Bignon dans quelques-unes des Lettres qu'il m'a fait l'honneur de m'écrire, m'affure que ces deux derniers moyens de recompenfer les Inventeurs ne font pas ufitez, & que ce n'eft point à la Cour le fiftême regnant dans la difpofition des graces Ecclefiaftiques ; que l'on y eft peu touché du zéle que les Inventeurs font paroitre pour la perfection des Sciences & des Arts ; que l'on y eft même perfuade que ceux qui confacrent leurs veilles à des recherches utiles à leur fiecle & à la pofterité meritent moins des Benefices ou des Penfions fur des Benefices que les autres.

L'Academie des Sciences a un fort grand interêt pour le prefent & pour l'avenir, de faire changer ce fiftême regnant dans la difpofition des graces Ecclefiaftiques ; de faire connoître que c'eft un abus & une erreur, je ne dirai pas populaire, elle eft d'un rang plus élevé ; de prouver & de perfuader que ceux qui font des Decouvertes, & qui trouvent des Inventions utiles à leur Siecle & à la Pofterité, meritent beaucoup mieux les Revenus de l'Eglife que ceux à qui on les accorde ordinairement, & même qu'ils doivent leur être preferez, particulierement s'ils joignent à de bonnes mœurs les conno'ffances de la Theologie. C'eft le fentiment de Mr. l'Abbé Bignon. N'eft-il pas vrai que fi on avoit donné à Meffieurs Defcartes, Gaffendi, Pafcal & à quelques celebres Philofophes du Siecle paffé des Benefices ou des Penfions fur des Benefices, qu'ils auroient fait un plus grand nombre de Découvertes, dont la Pofterité , par malheur, ne joüira jamais ? N'eft-il pas évident que ces Revenus de l'Eglife auroient été plus utilement employez pour Nous & pour nos Neveux & beaucoup mieux apliquez qu'à ceux qui en ont joüi.

Que fçavons nous, Monfieur , fi le grand Defcartes n'auroit pas trouvé le moyen de guerir les maladies, & celui de prolonger la vie des hommes, beaucoup au-delà de cent ans, dont quelques-uns croient qu'il fe flatoit. Quel bonheur pour la France, fi les Princes que la mort nous a enlevez, avoient profité du premier, & fi le Roy, dont la vie & la fanté font fi prétieufes à fes Sujets, pouvoit joüir du fecond? Cela peut-il entrer en comparaifon avec ce qu'ont fait, ou ce qu'ont pû faire ceux qui ont poffedé ces Benefices & ces Penfions? N'eft-il pas honteux aux Miniftres qui vivoient du tems de ce fameux Philofophe de lui en avoir refufé, & ne fe feroient-ils pas acquis une gloire immortelle s'ils lui en avoient donné des plus confiderables?

Mrs. de l'Academie ne pourroient-ils point établir des Claffes pour les Inventeurs externes, divifées en Eleves, en Affociez & en Honoraires, afin que ceux qui propoferoient une premiere Invention utile au Public, ou très-ingenieufement imaginée fuffent mis au nombre des premiers, que ceux qui en produiroient une feconde priffent le rang des Affociez, & que ceux qui en publieroient une troifiéme puffent prendre la qualité d'Honoraires de l'Academie Royale des Sciences ou de la Compagnie des nouvelles Découvertes. Cela donneroit une grande émulation dans les Provinces aux Sçavans & aux Artifans ingenieux, qui auroient encore l'efperance de parvenir à la Claffe des Penfionaires.

Lorfque Meffieurs de l'Academie auront commencé cet établiffement, je leur propoferai d'autres Inventions, dont ils pourront encore obtenir des Privileges. J'en ai une pour les Voitures publiques dans Paris, qui fera lucrative, j'en ai une autre concernant la fabrique des Monnoies qui le fera encore davantage. Il eft vrai que j'en ai un plus grand nombre qui ne font point fufceptibles de Privileges, & dont il eft prefqu'impoffible de tirer quelque profit du Public, quoi qu'elles foient curieufes & très-utiles, vous en pourrez juger par les feuls titres.

J'ay trouvé un moyen de perfectionner les Inftrumens de Mer, qui fervent à prendre les hauteurs & les Pilotes qui le mettront en ufage, connoitront la Latitude jufqu'à la précifion de quatre ou cinq Minutes. Vous en fçavez, Monfieur, l'importance pour la Navigation.

J'ai trouvé un Inftrument fort different de celui que l'on apelle Singe, qui fera très-utile aux Peintres qui font des Portraits, & à ceux qui copient & qui reduifent le grand en petit & le petit en grand. Les habiles Peintres feront par fon moyen leurs Ouvrages encore plus parfaits.

J'ai trouvé le Mouvement perpetuel, non pas le Mécanique par la pefanteur des corps, dont j'ai prouvé l'impoffibilité, & de laquelle plufieurs Mathematiciens ont donné des demonftrations, mais le Mouvement perpetuel phifique, fondé fur l'Aiman & fur fes proprietez. Je l'ai crû autrefois impossible, & que la cause de l'attraction du fer par l'Aiman étoit analogue à celle qui pousse les corps au centre de la terre; mais y ayant fait de nouvelles reflexions, j'ai reconnu qu'il y avoit de la difference entre ces deux effets, que l'Aiman attire le fer par un côté, & le repousse par l'autre, au lieu que les corps sont poussez au centre de la terre de tous les côtez. On peut détourner la vertu de l'Aiman & en changer la Direction, & on ne le peut faire à la force centrale. On peut environner l'Aiman d'une Machine & en mettre une partie hors de sa Sphere d'activité, ce qu'il n'est pas possible de pratiquer sur le Globe de la Terre. La matiere Magnetique est dans un mouvement continuel, & on peut dire que c'est une Riviére invisible, qu'il ne s'agit que de la mettre en œuvre, & de disposer les choses d'une maniere convenable pour en recevoir l'impression.

J'ai trouvé la solution du fameux Problême de Corneille Drebel. Vous n'ignorez pas, Monsieur, que ce Sçavant Anglois a publié qu'il pouvoit construire un Globe, qui auroit en luy-même le principe de son mouvement, & qui par une vertu simpatique auroit la proprieté de faire tous les jours un tour en vingt-quatre heures justes, suivant le Cours du premier Mobile; & qui montreroit les années & les mois, les jours & les heures, le Cours du Soleil & de la Lune, des Planetes & des Etoiles, si exactement qu'il ne manqueroit pas une seule fois en mille ans. Les Sçavans de ce tems-là s'en sont moquez, Kirker dans son Livre *De Arte Magnetica* le traite de Visionnaire, & j'ai dit dans mon Ecrit de la Pendule perpetuelle que c'étoit une réverie. Cependant j'ai reconnu que tout ce que cet illustre Anglois a avancé est veritable, & il paroitra tel, lorsque j'en aurai donné l'explication. C'est proprement un Enigme, où l'on ne voit d'abord qu'obscuritez, contradictions & impossibilité, mais aussi-tôt que l'on en sçait le mot, tout y paroit clair, naturel & indubitable. Ce sçavant homme est mort sans avoir declaré ses secrets, parce que le Roy d'Angleterre ou ses Ministres ne lui ont point accordé la recompense qu'il meritoit, ce qui sera à perpetuité une chose honteuse & infame à leur memoire.

Je pourrois, Monsieur, ajoûter encore ici les titres de quelques autres Inventions que j'ai trouvées, mais je vous avoüerai sincerement que je suis resolu d'imiter Corneille Drebel, de les laisser perir & de n'en publier jamais aucune, non point par envie, par misantropie ou par vanité, mais parce que je me deshonorerois en les publiant imparfaites, & que pour les mettre dans leur perfection, je ne puis me dispenser de faire un grand nombre d'essais & d'experiences, que j'aurois faites, si la Pension que le Roy a eu la bonté de m'accorder eût été de cinq cens Ecus, comme elle le devoit étre, & qui ne l'a point été, par la faute de quelques personnes.

Vous ſçavez, Monſieur, & je ne le tiens point à deshonneur, que
l'Ecrit que je fis imprimer en forme de Lettre au mois de Juin 1694,
a donné lieu à l'établiſſement des Billets de la Monoye, s'ils ont cauſé
du deſordre & ſi l'on en a abuſé, ce n'eſt point ma faute ; les petits
Eſprits qui ne jugent des choſes que par l'évenement, m'ont blâmé,
mais tout ce qu'il y a d'habiles Gens conviennent qu'ils auroient produit un fort grand bien, & que perſonne ne s'en feroit plaint, ſi l'on
avoit obſervé ce que j'ai marqué expreſſément touchant la fauſſeté &
ſur la quantité ; j'ay pris tant de precautions contre le premier, que
je les ai même outrées. Je voulois que ces Billets fuſſent écrits ſur du
parchemin en Lettres d'Or, ſemblables à celles que l'on voit dans ces
Livres d'Egliſes & ces Heures anciennes, dont le ſecret a été perdu &
que quelques-uns ont prétendu reſtaurer. Je crois pouvoir imiter
de fort prés ce Secret avec l'Impreſſion, & faire des Livres entiers en
Caracteres d'Or. Je ne puis juger s'il ſera d'uſage, n'en ayant fait que
des experiences groſſieres & ſeulement pour m'aſſurer du Fait.

Voici, Monſieur, la maniere dont je me ſuis exprimé dans cet écrit
ſur la quantité. "Il y a deux choſes qui peuvent donner lieu de croire
à quelques uns que l'uſage de ces Billets ſera dangereux, la premiere "
eſt qu'on en pourroit introduire un ſi grand nombre dans le Commer- "
ce, qu'ils viendroient par la ſuite à diminuer de prix, & que les "
Particuliers, pour s'en défaire, feroient obligez d'y perdre ou d'ache- "
ter les heritages au delà de leur juſte valeur. La ſageſſe & la pru- "
dence du Roy, celles de ſes Miniſtres & des perſonnes qui travaille- "
ront à cet établiſſement, doivent ſervir de Garands & de Cautions à "
ceux qui auroient ce doute, & il s'évanoüira, ſi on n'en établit qu'une "
quantité mediocre, & préciſément autant qu'il ſera neceſſaire pour le "
bien preſent de l'Etat. Car de même que s'il arrivoit des Indes une "
grande abondance d'Or & d'Argent, elle feroit neceſſairement dimi- "
nuer le prix de celui qui feroit dans le Public, la trop grande quan- "
tité de ces Billets produiroit auſſi le même effet & de plus fâcheux "
inconveniens.

La ſeconde choſe que quelques-uns pourroient craindre, eſt que le "
Roy ne vint à décrier tout d'un coup ces Billets, qu'il ne les retirât "
point, & qu'il n'en payât pas la premiere & juſte valeur aprés la "
paix, & lorſque toutes les eſpeces feroient revenuës dans le Commerce, "
ce qui cauſeroit effectivement la ruine de ceux entre les mains deſ- "
quels ils ſe trouveroient alors. Ces doutes ne peuvent tomber que "
dans des eſprits foibles, & il eſt impoſſible qu'un veritable Roy, com "
me eſt celui que nous avons le bonheur de poſſeder, puiſſe tromper "
ſes Sujets. Le Roy qui eſt l'image viſible de Dieu ne peut faire une "

„ femblable injuftice, ce feroit proprement une Banqueroute frauduleufe,
„ dont la feule penfée a quelque chofe de fi affreux, que l'efprit ne la
„ peut envifager, &c.

Peut on, Monfieur, exprimer plus folidement les inconveniens & les
defordres qui pouvoient arriver par les faux Billets & par leur trop
grande quantité ? Peut-on deviner plus jufte & parler plus clairement
de l'avenir dans un Ecrit imprimé en 1694. & plufieurs années avant
l'établiffement de ces Billets. Voici ce que j'ai encore ajoûté dans cet
Ecrit qui me concerne.

„ Je ne fuis pas affez intelligent dans la Politique, dans les Finances
„ & dans le Commerce, pour juger fi une telle nouveauté ne fera point
„ préjudiciable en quelque chofe, s'il n'y a point quelques raifons fe-
„ cretes qui rendent ce moyen impraticable : mon deffein eft de le pro-
„ pofer fimplement, afin que les perfonnes fçavantes en ces matieres
„ l'examinent & en faffent tel ufage qu'ils croiront à propos. S'ils y
„ trouvent quelque fondement folide, ils tâcheront de le perfectionner,
„ en y ajoûtant ou retranchant ce qu'ils croiront neceffaire pour le bien
„ de l'Etat ; fi au contraire, ils trouvent cette Idée impraticable, &
„ & qu'il y ait des raifons pour ne s'en point fervir, ils l'abandon-
„ neront. J'efpere du moins que l'on me fçaura gré de ce que
„ j'ai tâché de contribuer à l'utilité publique, quoi que je n'y aie pas
„ réüffi.

„ Il n'en eft pas de même de cet avis, comme de ceux que l'on
„ donne ordinairement, qui ne peuvent être utiles aux uns, qu'ils ne
„ foient dommageables aux autres : Cet avis a cela de particulier, qu'il
„ fera utile à tous & ne fera nuifible à perfonne. La Devife que j'ai
„ faite autrefois pour moi, par raport à mes inclinations naturelles &
„ à mes Ouvrages, luy convient parfaitement bien. Le corps de cette
„ Devife eft la Rofée qui tombe le matin fur les Arbres & fur
„ les Plantes, dont ces paroles font l'Ame : *Utilis omnibus, nulli
noxius.*

„ Enfin je ne prétens point m'ériger en donneur d'avis, & fi j'ai
„ pourfuivi cette Idée, qui vous paroitra fans doute fort éloignée de la
„ Phyfique & des Mathematiques, c'eft le hazard qui en eft caufe :
„ vous trouverez même, fi vous y faites un peu d'attention, que je
„ ne fuis point forti de mon caractere, & que le genie de l'Invention, qui
„ eft d'une vafte étenduë, n'a pas moins de jurifdiction fur cette matiere
„ que fur ces Sciences.

„ Au refte, ne croyez pas que je veüille donner cet avis dans la vûë
„ d'en être recompenfé. J'ay fi peu profité jufqu'à prefent de toutes
„ les Inventions nouvelles que j'ai données au Public, quoi qu'il y en

ait quelques-unes, comme vous ſçavez, qui ont été utiles & lucrati- "
ves à pluſieurs, & que j'ai fait pour cela des dépenſes trés-conſide- "
rables, que je me tromperois peut-être, ſi j'établiſſois quelque fonde- "
ment ſur de ſi vaines eſperances, &c. "

Vous voyez, Monſieur, que j'ai eu bonne intention, & que je n'ai
pas propoſé cet avis dans la penſée qu'il ſeroit nuiſible, ni en vûë d'en
être recompenſé ; mais ce que vous trouverez fort ſingulier, c'eſt que
j'ai encore deviné trés-juſte ſur cela. Les Etrangers & la Poſterité ne
croiront jamais que je n'en ai reçû aucune gratification, non plus que
des Loteries de Rentes Viageres que j'ai le premier fait propoſer au
Roy par un grand Seigneur, avec une nouvelle maniere de tirer les
Loteries, plus abregée & plus parfaite que celles dont on ſe ſervoit ;
ce qui a produit pluſieurs Millions à Sa Majeſté & donné lieu aux Hô-
pitaux, aux Egliſes & aux Communautez Religieuſes de faire des Loteries, qui leur ont raporté de trés-groſſes ſommes.

Vous ſçavez auſſi, Monſieur, que je n'ai tiré aucun émolument de
l'Invention des Pendules portatives, & que feu Mr. le premier Preſi-
dent de Harlai, étant Procureur General refuſa de donner ſes con-
cluſions, en me diſant : laiſſez joüir le Public ; ce qui a empêché le ju-
gement du Procez, & que je n'aye profité du Privilege, qui au ſentiment
de pluſieurs auroit raporté par an cinq ou ſix mille livres.

Il y a quatre ans que j'ai penſé un Moyen qui produiroit au Roy un plus
grand nombre de Millions que l'Edit du 10 Juin dernier n'en produira ; on
ne peut en fixer le nombre, parce que les particuliers prêteront leur argent librement & volontairement à Sa Majeſté, qui leur en payera l'Interêt qu'Elle jugera à propos. L'aprehenſion que l'on n'en abusât, ou
peut-être la crainte de n'en être point recompenſé, m'ont fait garder le
ſilence.

Après toutes ces choſes, pouvez-vous, Monſieur, ne point aprouver la
reſolution que j'ai priſe de laiſſer perir les Decouvertes & les Inventions
que j'ai trouvées, de les abandonner entierement, & de ne plus penſer à
toutes ces choſes ? Ne ſerai-je pas entierement diſculpé auprès du Public
& envers la Poſterité ? Ne conviendront-ils pas que l'on m'a fait injuſtice,
& qu'ayant travaillé pour le Roy, pour le Public & pour la Poſterité, je
meritois quelque récompenſe ? & cela ſous le Regne de Loüis le Grand,
& lorſque des gens qui ont produit des choſes tres-mediocres, ou donné
quelques avis préjudiciables par eux-mêmes, ont été gratifiez de ſommes
immenſes. Si cette Machine Arpantante m'eſt auſſi infructueuſe que les
autres, comme je m'y attens, elle ſera la derniere production que je don-
nerai au Public. La dangereuſe & longue maladie qui m'a obligé de quitter Paris en 1708. pour reſpirer mon air natal, me ſervira en même tems
d'une excuſe legitime.

B

Il vous fera facile, Monfieur, d'apercevoir que le principe de la Machine Arpantante eft le même que celui de la Machine Loxodromique
qui trace fur un papier, en telle proportion que l'on veut, le chemin que
fait un Navire. Lorfque je publiai cette derniere en 1701. j'avois plus d'attention à la connoiffance des Longitudes fur Mer, parce qu'elle eft d'une
importance infiniment plus grande, qu'à la mefure des Terres & des Chemins, ce qui fit que j'en parlai peu & feulement en ces termes: „ Les
„ Arpanteurs & ceux qui font des Plans de Villes & des Cartes Topogra-
„ phiques s'en ferviront utilement.

Ayant depuis reflechi que l'Arpantage a fes difficultez, que ceux qui
font avec exactitude les Plans de Villes & l'Icnographie des Fortifications,
font obligez de fe fervir d'une Toife de longueur, de la coucher à terre en
fe hauffant & fe baiffant continuellement, ce qui eft d'une tres grande
fatigue ; Que les Arpanteurs ordinaires negligent fouvent la précifion, fe
fervent d'une chaîne & de plufieurs fleches qui font portées & piquées par
un autre homme, & que l'un & l'autre commettent des erreurs confiderables ; Que la Machine dont Claude Flamand a donné la defcription dans
fon Traité des Mathematiques, & que le Pere de Chafles raporte dans fon
Curfus Mathematicus, au premier Livre de la Géometrie pratique, & dont
plufieurs Mathematiciens ont fait mention dans leurs Ouvrages : Que cette Machine, dis-je, eft tres-defectueufe & fort incommode, à caufe de
la grandeur des Roües aufquelles ils donnent quinze ou dix-huit pieds de
circonference, & parce qu'il la faut apliquer à un Carroffe ou à un Char-
riot dont peu d'Arpanteurs font en état de faire la dépenfe, & ce qui eft
le plus effentiel, parce qu'elle ne leur peut fervir ni être d'aucun ufage
dans les fentiers, les petits chemins & les ruës étroites, où ils font prefque
toûjours obligez d'aller. Les perfonnes de qualité & les gens riches qui
peuvent la faire mettre à leurs Carroffes ou à leurs Chaifes roulantes, fe
foucient fort peu de mefurer les Chemins : Ainfi cette Invention n'a été
prefque d'aucun ufage, quoi que plufieurs Mathematiciens ayent tâché
de la mettre en vogue ; & qu'elle ait été affichée dans Paris, il y a trente
ou quarante ans.

Le Podometre ou le Conte-pas que l'on met à la ceinture, & qui
par le moyen d'un cordon attaché au Soulier, bande un reffort, lequel
en fe lâchant fait tourner des Roües & des Eguilles, montre le nombre des
Pas que l'on a fait. Cet Inftrument a été un peu plus en ufage chez les
Curieux, mais les Arpanteurs ne s'en fervent point, parce qu'il n'a
aucune exactitude ; ce qui a fait fouhaiter un moyen plus commode,
plus fimple & plus exact dans la pratique.

C'eft par cette raifon que Mr. le Land-grave de Heffe-Caffel a voulu
exciter les Sçavans à en faire la recherche, fuivant ce qui eft dit dans le

Journal hiftorique du mois de Juin 1710. en ces termes. „ Mr. le Land-
grave de Heſſe-Caſſel ayant engagé Mr. Mell Recteur du College "
Proteftant d'Hirchs-Filds, de chercher quelque Machine, dont on pût "
ſe ſervir pour meſurer la longueur des Chemins, la hauteur des Mon- "
tagnes & la profondeur des Valées, ce Sçavant en faiſant cette re- "
cherche (où l'on n'aprend pas qu'il ait encore reüſſi) a trouvé une au- "
tre Machine propre à meſurer la Route dans les voyages de Mer, & "
à déterminer les Longitudes & Latitudes, &c. "

Je ne ſçai point la conſtruction de la Machine de Mr. Mell, ſi ce n'eſt
pas la Machine Loxodromique, elle y a beaucoup de raport, auſſi-bien
que celle du Pere Figari Religieux Auguſtin, Genois de nation, dont il
eſt parlé dans le Journal hiſtorique du mois de Juillet de cette année
1712. en ces termes. " Le P. Figari fait faire une Mappe-monde d'une "
nouvelle invention, ſur laquelle un crayon marquera la route que "
tiendra ſon Vaiſſeau pendant le voyage, avec laquelle il eſpere faire "
une grande découverte touchant le flux & reflux de la Mer. "

C'eſt une des proprietez de la Machine Loxodromique que j'ai marquée dans mon Ecrit, avec celle de lui faire tracer la courbure de la ſu-
perficie de la Terre, les hauts & les bas & les lignes de Niveau, qui eſt
ce que Mr. le Land-grave de Heſſe-Caſſel a demandé à Mr. Mell, pour
meſurer la hauteur des Montagnes & la profondeur des Valées. On
pourra la rendre plus ſimple & plus parfaite, en ôtant le crayon & y
ajoûtant une Roüe & un Pignon avec un ou pluſieurs Cadrans & des Eguilles, qui marqueront la quantité des Pieds & des Toiſes que les Chemins
auront de pente ou d'élevation, & il ſera facile de la joindre à la Machine Arpantante.

Quand la Machine Loxodromique n'auroit ſervi qu'à donner occaſion
aux Sçavans de travailler ſur ce ſujet, je n'aurois pas lieu de regreter le
tems que j'ai employé à chercher cette Invention, ni de l'avoir publiée. Il
eſt pourtant deſagréable de voir que d'autres ſe l'attribuent & en reçoivent
tout l'honneur & peut-être le profit, pendant qu'il ne me reſte pour recompenſe que les Critiques qui en ont été faites. Vous les avez vûës, Monſieur,
& celles contre le Microſcope Micrometrique, le Gnomon horizontal, &c.
Les honnêtes gens les ont trouvées infames, & l'infamie eſt tombée ſur
leurs auteurs, qui ſçavent en perfection l'Art de détruire & qui n'ont
aucun Talent pour élever. On pourroit les comparer à la poudre à Canon qui renverſe les plus beaux edifices, & qui ne peut contribuer à
l'élevation d'une Chaumiere. On devroit établir pour regle generale
dans la Critique, de faire mieux. Un homme publie une Invention qui
a cent défauts, un autre en fait l'enumeration & donne les moyens d'en
retrancher deux, bonne Critique & agréable même aux Critiquez; ce

font toûjours deux pas avancez dans la perfection, où on arrivera enfin, fi
les autres continuent de cette maniere;mais de mettre fimplement au grand
jour les défauts d'une Invention par une mauvaife volonté de nuire, de
les augmenter malicieufement & d'y en faire paroître qui n'y font point,
de cacher exprés & avec adreffe ce qu'il y a de bon, de choifir des
termes méprifans, d'employer l'ironie & de faire des railleries pour di-
vertir le Lecteur, ce font les Talens que ces faifeurs de critiques ont fait
briller à mon égard: mais les honnêtes gens de France & les Sçavans
des Pays étrangers m'ont rendu juftice, & j'efpere que la pofterité me
la rendra quelque jour.

Pafcitur in vivis Livor, poft Fata quiefcit.

J'ai marqué expreffément que le principe de la Machine Loxodromique n'étoit pas nouveau, que Vitruve en a parlé dans le Chapitre qui
a pour titre : Par quel moyen on peut fçavoir allant en Caroffe ou dans
un Bateau, combien on a fait de chemin ; & ce qui eft trés-digne de
remarque, il affure que c'eft une des chofes les plus ingenieufes qu'il
avoit aprifes des Anciens. Les principes font à tout le monde, la maniere de s'en fervir & de les employer eft à un-chacun, les uns peuvent
mieux les apliquer que les autres & en compofer des Machines plus
fimples & plus parfaites.

Voici, Monfieur, la maniere dont j'ai apliqué le Principe des Anciens. Au lieu des Roües de quinze ou dix-huit pieds de circonference,
je ne leur donne que quatre pouces de Diametre ou tout au plus huit,
parce que fi on leur en donnoit davantage,ce feroit une efpece de Broüette,
dont Pierre Corbiere s'eft fervi en 1661. en faifant le Plan de la ville d'Orleans. Il dit que la Roüe avoit une Toife de tour, & que par le moyen
d'un reffort on pouvoît compter les Toifes. Cette Machine qui n'avoit
ni Roües dentées, ni Pignons, ni Cadrans, ni Eguilles, & qui faifoit
feulement du bruit à chaque revolution eft fujette à erreur, penible, fer-
vile, embarraffante, & n'a point l'agreable commodité de pouvoir fe te-
nir à la main, fe mettre dans la poche, ou fe cacher fous le manteau.

Ce Pierre Corbiere étoit Sculpteur & habile en plufieurs chofes. Le
Sçavant Mr. Toinard l'a fouvent employé à faire fes Effais & fes Experiences. Il le mettoit au nombre de ces Artifans qui aportent en naif-
fant le Genie de l'Invention, que l'étude & le travail ne donnent point
& qui eft un pur prefent de la Nature. Quelques groffiers qu'ils pa-
roiffent, ils ont pour les Arts un efprit pénétrant, fans Maîtres & fans
inftruction ils trouvent de nouveaux Outils, perfectionnent les anciens,
& feroient des merveilles, s'ils avoient les fecours neceffaires & les recompenfes qu'ils meritent. Ces fortes de Genies qui font rares & que
l'on devroit chercher avec empreffement, jufques dans les Pays les plus

éloignez, vivent presqu'inconnus dans les Provinces, & meurent dans l'obscurité, quoi que plusieurs soient dignes de l'immortalité.

La figure premiere represente ces Roües marquées A, C, B, dont le moyeu qui est percé quarrément, entre juste dans l'Essieu quarré par les bouts CC, ce qui l'oblige de tourner avec les Roües A, C, B. D, est une Visse sans fin ou un Pignon en Helice, pareil à celui qui est à l'Arbre du Tambour des Montres de poche pour en avancer ou retarder le mouvement, ou comme celui qui est au volant des Tourne-Broches. Ce Pignon D, engrene dans le Pignon E, de six dents qui entrent dans celles de la Roüe F, sur laquelle est attaché le Pignon G, dont les dents entrent dans celles de la Roüe H, qui mene la Roüe I, laquelle a un Pignon K, qui fait tourner la Roüe L, & celle-cy la Roüe M, qui porte le Pignon N, dont les dents engrenent dans celles de la Roüe O, laquelle fait mouvoir la Roüe P. Tous ces Pignons ont six dents & les Roües en ont chacune 60, excepté la Roüe G, qui n'en a que 36, supposé que les Roües A, C, B, ayent quatre pouces de Diametre, mais si elles ont huit pouces, la Roüe G, n'aura que 18. dents, & si elles ont un pied, le Pignon D, que l'on peut faire à droit ou à gauche, engrenera immediatement dans les dents de la Roüe G, de 36. dents, & les quatre Eguilles tourneront de même sens.

Il vous sera facile, Monsieur, & aux personnes intelligentes en ces matieres, d'apercevoir la raison de ce nombre de Pignons, de Roües & de dents, & pourquoi je leur ai donné la disposition qu'elles ont, que l'on pourra varier en plusieurs manieres. Les Roües F, I, M, P, ont chacune dans leur centre un Arbre ou Tige qui passent au travers des Pignons G, K, N, pour porter les Eguilles R, S, T, V, qui tournent sur les Cadrans de la Figure seconde. Le centre de l'Eguille R, s'emboite sur G, S, sur K, T, sur O, & V, sur l'Arbre de la Roüe P.

Le Cadran G, est divisé en six parties égales qui marquent six pieds ou une toise, & que les Roües A, C, B, ont fait six tours, pendant que l'Eguille R, n'a fait qu'un tour. Chaque sixiéme partie de ce Cadran G, est divisée en quatre, dont chacune marque sensiblement trois pouces, quoi que ces Cadrans ne soient pas plus grands que celui d'une Montre de poche, & qu'ils n'aient que 15. ou 16. lignes de Diametre.

Le Cadran K est divisé en dix parties, dont chacune fait une toise, en sorte que son Eguille S, ayant fait sa revolution entiere, on connoît que celle du Cadran G, marquée R, en a fait dix, & les Roües A, C, B, soixante, qui font autant de pieds, ou dix Toises. Lorsque l'Eguille T, du Cadran N, qui est aussi divisé en dix parties égales, a fait son tour entier, celle du Cadran K en a fait dix, & celle du Cadran G en a fait cent, & les Roües A, C, B, ont parcouru six cens pieds, ou cent Toises.

L'Eguille V, du Cadran P, qui eſt pareillement diviſé en dix parties égales, ayant fait une revolution entiere, deſigne que celle du Cadran N, a fait dix tours, que celle du Cadran K en a fait cent, & celle du Cadran G mille, & que les Roües A, C, B, ont parcouru mille toiſes ou ſix mille pieds, qui font une demi lieuë françoiſe, ce qui ſuffit aux Arpanteurs, ayant rarement beſoin d'une plus longue Station. Mais ſupoſé qu'il ſe preſentât des occaſions où il la fallut faire plus longue, ils n'auront qu'à mettre en écrit chaque revolution de l'Eguille V, comme auſſi lorſqu'ils auront à meſurer des Chemins de pluſieurs Lieuës.

Les Curieux qui ne voudront point prendre la peine d'écrire, & qui ſeront bien aiſes d'avoir une Machine qui les en exemte, n'auront qu'à faire ajoûter deux Roües de ſoixante, & deux Pignons de ſix, & un cinquiéme Cadran, avec une Eguille, laquelle ne fera qu'un tour, pendant que celle qui eſt marquée V, en fera dix, & l'Eguille T, cent, & celle du Cadran K, mille, & l'Eguille R, dix mille. Alors les Roües A, C, B, auront parcouru dix mille Toiſes, ou cinq petites Lieuës de France.

Les Ouvriers pourront mettre au lieu du cinquiéme Cadran, un double Arbre enté en canon, & une ſeconde Eguille qui fera une revolution ſur le Cadran P, pendant que l'Eguille V en fera dix, ſuivant la maniere dont les Horlogeurs ſe ſervent pour faire marquer les Heures & les Minutes aux Pendules & aux Montres de poche.

Le Pere de Chaſles propoſe de mettre un ou pluſieurs Timbres avec des marteaux, pour avertir à la fin de chaque revolution des Eguilles. Ceux qui en ſeront curieux, pourront aiſément ſe ſatisfaire, & les autres s'en paſſer facilement, parce qu'on les aperçoit à la vûë quand on veut & ſans peine.

Il donne dans le même Livre la figure d'un grand Compas, & il dit qu'un tres-habile Géometre lui a aſſuré que cet Inſtrument étoit tres-exact & tres-commode, & qu'il étoit auſſi facile de meſurer la Terre par ſon moyen, que de ſe promener. On a mis ſur la circonference des Roües A, C, B, pluſieurs pointes de fer, afin d'empêcher qu'elles ne gliſſent, & elles ſont, pour ainſi dire, un Compas continuel qui fera le même effet que celui dont parle le Pere de Chaſles

Il y a entre les quatre Cadrans une Eguille aimantée, pour marquer la ſituation que les Champs, les Vignes, les Prez, les Bois, les Ruës & les Chemins ont à l'Orient, à l'Occident, au Midi, & au Septentrion. Ceux qui la voudront plus grande, pour avoir une plus grande préciſion, feront faire un Cadran ſeparé.

Les Roües, les Pignons, & la plus grande partie de l'Eſſieu ne paroiſſent point au dehors, & ſont enfermez dans une eſpece de Gage de bois de noyer ou autre, parce qu'étant de fer ou de cuivre, elle ſeroit ſujette à la roüille ou au verdet. On couvrira les Cadrans & les Eguilles d'un verre, afin d'empêcher que la boüe & la pluye ne les gâtent.

Sur le bord & entre les Cadrans & les Roües G, K, est attachée la Virolle X, X, pour y faire entrer à visse ou autrement une canne ou un bâton d'environ trois pieds, que l'on tiendra à la main, & auquel on donnera l'inclination que l'on voudra & la plus commode pour pousser cette Machine & la rouler sur terre.

Les Arpanteurs ne seront plus obligez d'avoir un homme pour porter leur chaîne avec leurs fléches ou piquets, & ils pourront eux-seuls exercer leur Art. Ils n'auront besoin d'aucun autre Instrument, y ayant sur les bords de cette Machine quatre Pointes à angles droits, marquées 1, 2, 3, 4. pour leur servir d'équerre. Ceux qui seront amateurs de l'exactitude, en pourront faire diviser les bords comme un Quarré géometrique, & y ajoûter une Alhidade, ou une petite Lunette pinulêre, pour faire toutes les operations de la Géometrie pratique.

Il seroit, Monsieur, tres-utile pour la Posterité, que les Souverains ordonnassent dans leurs Etats, que les Habitans des Paroisses, Bourgs & Villages de la campagne fissent faire, tous les cent ans, un Plan de leur Territoire, où les Hameaux, les Ruës, les Sentiers, les Moulins & les choses considerables seroient marquées avec exactitude, & que ces Plans fussent conservez soigneusement. Si cela avoit été executé dans les siécles passez, les Curieux auroient la satisfaction de voir l'état où étoient alors les Campagnes, & la difference de celui où elles sont aujourd'hui, & on en retireroit d'autres utilitez. La facilité que cette Machine aportera à l'Arpantage, pourra les y engager. La place que Monsieur l'Abbé Bignon tient aux Conseils du Roy, la confiance que Sa Majesté a en lui, & l'estime dont Elle l'honore, a cause de sa capacité, de l'étenduë de ses connoissances, de la sagesse & de la prudence dont il accompagne toutes ses actions, me persuadent que s'il propose ce dessein au Conseil, la France servira d'exemple à toutes les Nations pour l'établir par tout le monde.

Quand je devrois, Monsieur, m'exposer encore au reproche mal fondé que l'on m'a fait dans les Nouvelles de la Republique des Lettres du mois de Juin 1702. d'être d'assez bonne foi, pour dire qu'il n'y avoit rien de nouveau dans ce que je proposois alors. Je vous dirai la même chose de la Machine Arpantante, qu'il n'y a pas la moindre nouveauté, & qu'elle n'est purement qu'une reduction du Grand au Petit, comme on a fait autrefois des Horloges qui étoient grandes dans leur commencement, & sont demeurées dans cet état pendant plusieurs siécles. Elles ont été reduites de tems en tems à un moindre volume, & sont enfin devenuës des Montres de poche, ce qui en fait une des plus considerables utilitez & la plus étenduë. Comme quelques Horlogeurs les ont outrées en petitesse, en ont fait des Pendans d'oreilles, & en ont mis dans le Chatton d'une Bague : peut-être que quelques Ouvriers outreront auſſi cette Machine, & n'en feront les grandes Roües que de deux pouces ou même d'un ſeul, mais à mon avis imparfaitement.

Enfin, Monſieur, je vous dirai que cette Machine Arpantante eſt un bel exemple de la lenteur dont les choſes vont parmi nous, puiſque le principe en étoit connu il y a trois ou quatre mille ans. Il en ſerá de même d'une infinité d'Inventions qui ſont connuës aujourd'hui, & qui parce que l'on n'y reflechit pas aſſez, n'arriveront à leur perfection que dans deux ou trois mille ans, & ne ſeront reduites qu'en ce tems-là du Grand au Petit, ou du Petit au Grand, car l'un & l'autre peuvent avoir lieu. Peut-être auſſi que les Sçavans & les Artiſans ingenieux prendront occaſion de cette Machine, pour s'apliquer davantage, & qu'ils reconnoîtront que ce n'eſt point par la difficulté des choſes que l'on ne trouve pas des Inventions utiles, mais parce que l'on ne s'en aviſe point, faute d'y faire attention.

J'eſpere, Monſieur, que vous voudrez bien m'écrire vôtre ſentiment ſur cette Lettre. Vous m'avez donné pluſieurs fois des témoignages de vôtre bienveillance ; & il m'eſt revenu par de grands Seigneurs, des Dames de qualité & d'autres perſonnes, que vous avez dit du bien de moi, & que vous m'honorez de vôtre eſtime ; je vous en ai tenu compte en moi-même, & j'en ai toute la reconnoiſſance poſſible. Je vous prie de me continuer l'une & l'autre, & d'être perſuadé que je ſuis ſincerement & avec bien du reſpect,

MONSIEUR,

Vôtre tres-humble & tres obéïſſant Serviteur,
DE HAUTE-FEUILLE.

A Orleans, ce 15.
Octobre 1711.

FIGURE PREMIERE.
A
A
4
3
C
C
D
E
M
O
N
P
L
H
G
F
K
I
1
2
X
X
B
B
Y
F
Z

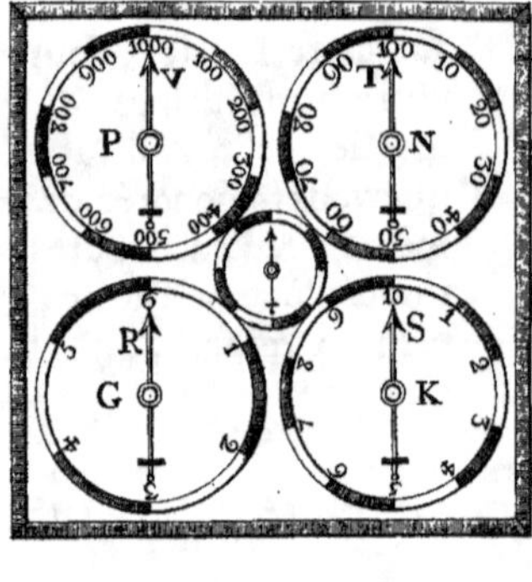
FIGURE SECONDE.
V
T
P
N
900 1000 100
800 200
700 300
600 400
500
90 10
80 20
70 30
60 40
50
R
S
G
K
Aurelii Sculp. Steph. Mare, 12 Kal. Oct.r 1712.